가방 메고 물 만들러 나가 볼까?

KB198311

💡 **기사 깊이 알기**

1 기사를 읽고 설명이 맞으면 ○표, 틀리면 ✕표 하세요.

• 세계 물의 날은 3월 23일이다. (   )
• 전 세계 인구의 절반이 물 부족을 겪고 있다. (   )
• 휴대용 물 수확기는 우선 어린이들에게 지급될 예정이다. (   )

2 기사의 내용을 한 문장으로 정리한 것입니다. □ 안에 알맞은 말을 써 보세요.

한국 기계 연구원은 물 부족 문제를 해결할 수 있는

휴대용 [   ][   ][   ] 를 개발했다.

3 생활 속에서 꼭 필요한 것이 없어 어려움을 겪는 사람들을 돕기 위해 내가 만들어 보고 싶은 발명품을 써 보세요.

_____

_____

_____

🗨️ **오늘의 어휘** · **다음 단어의 알맞은 뜻을 찾아 선으로 이어 보세요.**

살균 ·   · 손에 들거나 몸에 지니고 다닐 수 있게 만든 물건

휴대용 ·   · 병의 원인이 되는 균을 죽임

수확기 ·   · 필요한 양이나 기준에 미치지 못해 충분하지 아니함

부족 ·   · 무엇을 거두어들이는 데 쓰는 기구

2

우주복 입으면 소변은 어떡하나?
이제 식수로 바꾼다!

💡 **기사 깊이 알기**

1 기사를 읽고 설명이 맞으면 ○표, 틀리면 ×표 하세요.

- 우주복은 쉽게 입고 벗을 수 있다. (   )
- 새로운 우주복은 소변을 식수로 바꿀 수 있다. (   )
- 연구팀은 2027년에 아르테미스 3호 비행사들을 대상으로 우주복의 기능을 시험할 예정이다. (   )

2 기사의 내용을 한 문장으로 정리한 것입니다. □ 안에 알맞은 말을 써 보세요.

[   ] 을 [   ] 로 바꿀 수 있는 우주복이 개발되었다.

3 여러분이 영화에서 본 물건 중 실제로 개발되면 좋겠다고 생각한 물건이 있나요?
그 이유도 함께 써 보세요.

_____

_____

_____ 🖊

오늘의 어휘 다음 단어의 알맞은 뜻을 찾아 선으로 이어 보세요.

정수 ·   · 먹을 용도로 쓰는 물

위생적 ·   · 물을 깨끗하고 맑게 함

식수 ·   · 건강에 유익하도록 조건을 갖춘

여과 ·   · 거르는 기구를 써서 액체 속에 들어있는 침전물
이나 입자를 걸러 내는 일

2

동영상을 휙휙 넘기고, 빨리빨리 넘기면 더 지루하다고?

💡 **기사 깊이 알기**

1 기사를 읽고 설명이 맞으면 ○표, 틀리면 ×표 하세요.

• 하나의 동영상을 처음부터 끝까지 제 속도로 보지 않는 것이 더 큰 지루함을 느끼게 한다. (   )
• 다른 동영상으로 계속 바꾸거나, 재미있는 부분만 보려고 빨리 감아 보는 것을 디지털 스위칭이라고 한다. (   )
• 실험 참가자들의 예상과 실험 결과는 일치했다. (   )

2 기사의 내용을 한 문장으로 정리한 것입니다. □ 안에 알맞은 말을 써 보세요.

□□□ □□□ 을 하지 않으면 지루함을 덜 느낀다.

3 스마트폰을 자주 사용하는 친구에게 스마트폰 대신 할 수 있는 활동을 추천해 보세요.

_____

_____

✏️

```
오늘의 어휘    다음 단어의 알맞은 뜻을 찾아 선으로 이어 보세요.
```

예상 ·   · 깊이 파고들거나 빠짐

몰입 ·   · 어떤 일을 깊이 있게 조사하고 생각하는 일

시청 ·   · 어떤 일을 직접 당하기 전에 미리 생각하여 둠

연구 ·   · 눈으로 보고 귀로 들음

4

서울에 '바나나' 열렸다!
한국은 이제 열대 기후?

💡 기사 깊이 알기

1 기사를 읽고 설명이 맞으면 ○표, 틀리면 ×표 하세요.

- 우리나라 서울에서는 바나나를 기를 수 없다. (   )
- 2024년 여름 평균 기온은 25.6도였다. (   )
- 제주도에서 올리브를 재배할 수 있다. (   )

2 기사의 내용을 한 문장으로 정리한 것입니다. □ 안에 알맞은 말을 써 보세요.

지구 온난화로 인한 [   ][   ] [   ][   ] 때문에

서울에서도 바나나가 열렸다.

3 기후 변화가 심해지면 우리나라에서 어떤 일이 일어날까요? 기후 변화가 지금보다 더 심해진 미래를 상상하며 글을 지어 보세요.

_____

_____

_____

오늘의 어휘

다음 단어의 알맞은 뜻을 찾아 선으로 이어 보세요.

온난화 ·   · 지구의 기온이 높아지는 현상

온대 ·   · 월평균 기온 18도 이상인 적도 근처의 매우 덥고 비가 많이 오는 지역

노지 ·   · 지붕 같은 것으로 덮거나 가리지 않은 땅

열대 ·   · 열대 기후보다 기온이 낮고 비가 적게 오며 사계절이 뚜렷한 지구의 중위도 지역

과학 기술 환경 본책 22쪽

뇌 속에 칩을 넣으면 생각만 해도 글이 써진다고?

💡 기사 깊이 알기

1 기사를 읽고 설명이 맞으면 ○표, 틀리면 ×표 하세요.

- MiBMI 기술은 사람을 대상으로 실험이 이루어졌다. (　　)
- MiBMI 기술은 몸을 움직일 수 없는 환자들에게 큰 도움이 될 수 있다. (　　)
- MiBMI의 크기는 쌀알만큼 작다. (　　)

2 기사의 내용을 한 문장으로 정리한 것입니다. □ 안에 알맞은 말을 써 보세요.

스위스 로잔 연방 공과대학교 연구진이 [　　] 신호를

글로 바꿔 주는 [　　]을 개발했다.

3 여러분이 MiBMI를 뇌에 심었다면 이 기술을 어떻게 활용할지 상상하여 써 보세요.

_____

_____

_____ 🖊

오늘의 어휘

다음 단어의 알맞은 뜻을 찾아 선으로 이어 보세요.

해독 •	• 써서 없앰
감지 •	• 느끼어 앎
소모 •	• 어려운 문구 등을 읽어 이해하거나 해석함
정확도 •	• 바르고 확실한 정도

6

고질라 젓가락,
우주선 로켓을 잡았다!

💡 **기사 깊이 알기**

1 기사를 읽고 설명이 맞으면 ○표, 틀리면 ×표 하세요.

- 메카질라의 로봇팔이 공중에서 슈퍼헤비를 잡아냈다. (   )
- 2024년 10월 1일, 스페이스X는 대형 우주선 스타십을 발사했다. (   )
- 스페이스X는 이 기술을 달 착륙선으로 사용될 스타십에 활용할 계획이다. (   )

2 기사의 내용을 한 문장으로 정리한 것입니다. □ 안에 알맞은 말을 써 보세요.

스페이스X가 부스터를 고스란히 [   ][   ] 하는 데 성공했다.

3 여러분은 우주여행을 한다면 어떤 장소를 방문하고 싶나요? 그 이유도 함께 써 보세요.

_____

_____

_____✎

오늘의 어휘 ┊ **다음 단어의 알맞은 뜻을 찾아 선으로 이어 보세요.**

회수 •   • 도로 거두어들임

환호성 •   • 기뻐서 크게 부르짖는 소리

발사 •   • 뒤쪽으로 나아감

후진 •   • 총이나 로켓 따위를 쏘는 일

과학 기술 환경 본책 26쪽

○○○○, 분홍빛 물결의 습격!
○○ 식물들 밀려날 수도…

💡 기사 깊이 알기

1 기사를 읽고 설명이 맞으면 ○표, 틀리면 ×표 하세요.

- 핑크뮬리는 우리나라의 토종 식물이다. (   )
- 국립 생태원은 핑크뮬리를 생태계 위해성 2급 식물로 평가했다. (   )
- 많은 사람이 분홍빛 물결을 배경으로 사진을 찍으러 핑크뮬리밭에 몰려들었다.
  (   )

2 기사의 내용을 한 문장으로 정리한 것입니다. □ 안에 알맞은 말을 써 보세요.

　　　□□□□ 재배를 멈춰야 한다는

　　　□□□가 높아지고 있다.

3 여러분이 관광 상품을 개발하는 사람이라면 우리 지역에 어떤 관광 상품을 개발하고 싶은지 써 보세요.

_____

_____

_____ 🖉

오늘의 어휘

다음 단어의 알맞은 뜻을 찾아 선으로 이어 보세요.

교란 ·　　　　· 본디부터 그곳에서 나는 씨 또는 씨앗

토종 ·　　　　· 마음이나 상황 등을 뒤흔들어서 어지럽고 혼란하게 함

제한 ·　　　　· 일정한 한도를 정하거나 그 한도를 넘지 못하게 막음

재배 ·　　　　· 식물을 심어 가꿈

과학 기술 환경 본책 28쪽

"나와라 가제트 만능 팔!"
새로운 인공 근육으로 실현되나?

💡 기사 깊이 알기

1 기사를 읽고 설명이 맞으면 ○표, 틀리면 ×표 하세요.

- 지금까지의 인공 근육은 무거운 물체를 들기에 부족했다. (　　)
- 울산 과학 기술원 연구팀은 자석의 힘을 사용하는 재료를 결합해 새로운 인공 근육을 만들었다. (　　)
- 울산 과학 기술원 연구팀이 만든 인공 근육은 원격으로 조정할 수 있다. (　　)

2 기사의 내용을 한 문장으로 정리한 것입니다. □ 안에 알맞은 말을 써 보세요.

울산 과학 기술원 연구팀이 새로운 [　][　]　[　][　] 을 개발했다.

3 인공 근육 기술이 더욱 발달한다면 이를 어떤 곳에 사용할 수 있을지 상상하여 써 보세요.

_____

_____

_____ ✏️

오늘의 어휘

다음 단어의 알맞은 뜻을 찾아 선으로 이어 보세요.

근육 ·

· 둘 이상의 사물이나 사람이 서로 관계를 맺어 하나가 됨

연구팀 ·

· 특정의 주제나 사물을 연구하기 위하여 특별히 모인 사람의 무리

원격 ·

· 멀리 떨어져 있음

결합 ·

· 힘줄과 살을 통틀어 이르는 말로 동물이 움직일 수 있게 하는 기관

멸종 위기 '표범장지뱀', '맹꽁이' 중랑천에 돌아왔다!

💡 **기사 깊이 알기**

1 기사를 읽고 설명이 맞으면 ○표, 틀리면 ✕표 하세요.

- 표범장지뱀과 맹꽁이는 멸종 위기 동물이다. (   )
- 서울시 성동구 중랑천 근처는 서울에서 유일하게 표범장지뱀이 사는 곳이다.

(   )
- 2024년 9월 22일, 표범장지뱀이 2마리 이상 발견되었다. (   )

2 기사의 내용을 한 문장으로 정리한 것입니다. □ 안에 알맞은 말을 써 보세요.

동물인 표범장지뱀과 맹꽁이가 중랑천에 돌아왔다.

3 우리나라에는 표범장지뱀과 맹꽁이 외에 어떤 멸종 위기 동물이 있는지 책이나 인터넷에서 찾아 써 보세요.

_____

_____

_____

오늘의 어휘
다음 단어의 알맞은 뜻을 찾아 선으로 이어 보세요.

서식지 ·   · 생물 등이 일정한 곳에 자리를 잡고 사는 곳

멸종 ·   · 손을 대어 거두지 않고 내버려두어 거친 땅

황무지 ·   · 생물의 한 종류가 아주 없어짐

자원봉사 ·   · 어떤 일을 대가 없이 자발적으로 참여하여 도움

과학 기술 환경 본책 32쪽

오늘도 썼는데 어쩌나…, 발암 물질 나오는 검은색 플라스틱

기사 깊이 알기

1 기사를 읽고 설명이 맞으면 ○표, 틀리면 ×표 하세요.

- 검은색 플라스틱 제품 203개 중 약 85%에서 난연제가 나왔다. (   )
- 장난감에서는 난연제가 나오지 않았다. (   )
- 우리나라는 난연제와 관련된 규정이 마련되어 있다. (   )

2 기사의 내용을 한 문장으로 정리한 것입니다. □ 안에 알맞은 말을 써 보세요.

검은색 □□□□에서 건강에 위험한 화학 물질이 나왔다.

3 검은색 플라스틱 사용을 줄이기 위해 우리가 일상생활에서 실천할 수 있는 방법에는 무엇이 있을까요?

_____

_____

_____

오늘의 어휘

다음 단어의 알맞은 뜻을 찾아 선으로 이어 보세요.

독성 ·   · 어떤 것이 다른 일을 일어나게 함

유발 ·   · 물건을 담는 그릇

용기 ·   · 어떤 물질에 열을 가함

가열 ·   · 독이 있는 성분

11

김밥 먹고 뻥튀기도 먹고, 칭찬받은 '뻥튀기 접시'

💡 기사 깊이 알기

1 기사를 읽고 설명이 맞으면 ○표, 틀리면 ×표 하세요.

- 김밥 축제에 10만 명의 방문객이 찾아왔다. (   )
- 김천시는 김밥을 플라스틱 일회용 접시에 담아 주었다. (   )
- 김천시는 김밥을 2알, 4알 단위로 조금씩 판매했다. (   )

2 기사의 내용을 한 문장으로 정리한 것입니다. □ 안에 알맞은 말을 써 보세요.

김천시의 김밥 축제가 [ ][ ][ ] 접시로 칭찬을 받았다.

3 일상생활에서 플라스틱 사용을 줄이기 위해 할 수 있는 일에는 무엇이 있을지 써 보세요.

_____

_____

_____ 🖉

오늘의 어휘

다음 단어의 알맞은 뜻을 찾아 선으로 이어 보세요.

일회용 •   • 부름에 응답한다는 뜻으로, 부름이나 호소 등에 대답하거나 응함

친환경 •   • 자연환경을 오염하지 않고 자연 그대로의 환경과 잘 어울리는 일

호응 •   • 나쁘게 하거나 피해를 입힘 또는 그런 것

해 •   • 한 번만 쓰고 버림 또는 그런 것

(과학) (기술) (환경) 본책 36쪽

새처럼 걷고 뛰다가 땅을 박차고 날아오르는 로봇 나왔다!

💡 기사 깊이 알기

1 기사를 읽고 설명이 맞으면 ○표, 틀리면 ×표 하세요.

- 새로 개발된 새 로봇의 이름은 레이븐이다. (　　　)
- 레이븐의 다리는 세 개의 관절로 만들어졌다. (　　　)
- 레이븐(RAVEN)은 '새에게 영감을 받아 다양한 환경에서 작동하는 로봇 비행체'라는 영어 문장의 앞 글자를 따서 만든 이름이다. (　　　)

2 기사의 내용을 한 문장으로 정리한 것입니다. □ 안에 알맞은 말을 써 보세요.

□를 모방해 만든 로봇이 만들어졌다.

3 바퀴로 가는 비행기와 다리로 움직이는 비행기가 있다면 여러분은 어떤 비행기를 탈 것인가요? 그 이유도 함께 써 보세요.

_____

_____

_____ 🖊

오늘의 어휘

다음 단어의 알맞은 뜻을 찾아 선으로 이어 보세요.

영감 ·

· 다른 것을 본뜨거나 본받음

모방 ·

· 미사일, 로켓, 광선 등을 쏘기 위하여 고정시켜 놓는 받침대

활주로 ·

· 창조적인 일을 할 수 있게 하는 뛰어난 생각의 실마리나 자극

발사대 ·

· 비행장에서 비행기가 뜨거나 내릴 때에 달리는 길

사회 정치 본책 42쪽

사망 사고까지 일으키는 전동 킥보드, 이대로는 안 된다!

💡 기사 깊이 알기

1 기사를 읽고 설명이 맞으면 ○표, 틀리면 ✕표 하세요.

- 개인형 이동 장치와 관련된 교통사고가 최근 5년 사이 5배가 넘게 늘었다. (   )
- 전동 킥보드의 사용을 금지하거나 제한하는 나라가 있다. (   )
- 일본은 전동 킥보드 사용을 전면 금지했다. (   )

2 기사의 내용을 한 문장으로 정리한 것입니다. □ 안에 알맞은 말을 써 보세요.

☐☐ 킥보드로 인해 발생하는 문제를 해결하기 위한 대책이 필요하다.

3 여러분은 전동 킥보드의 사용을 금지하거나 제한하는 것에 대해 찬성하나요, 아니면 반대하나요? 그 이유도 함께 써 보세요.

_____

_____

_____

오늘의 어휘

다음 단어의 알맞은 뜻을 찾아 선으로 이어 보세요.

불법 •　　　　　　• 법에 어긋남

제한 •　　　　　　• 일정한 한도를 정하거나 그 한도를 넘지 못하게 막음

대책 •　　　　　　• 전기로 움직임

전동 •　　　　　　• 어떤 일에 대처할 계획이나 수단

사회 정치 본책 44쪽

남의 사진으로 장난치면 안 돼요!
무서운 '딥페이크 범죄'

💡 기사 깊이 알기

1 기사를 읽고 설명이 맞으면 ○표, 틀리면 ×표 하세요.

- 남의 사진으로 가짜 영상을 만드는 것은 범죄가 될 수 있다. (   )
- 2024년 1월부터 8월까지 접수된 딥페이크 피해자는 781명이다. (   )
- 딥페이크 사진이나 영상을 가지고 있는 것만으로도 처벌받을 수 있다. (   )

2 기사의 내용을 한 문장으로 정리한 것입니다. □ 안에 알맞은 말을 써 보세요.

　|　|　|　　　기술은 무서운 범죄로 이어질 수 있다.

3 딥페이크 기술이 우리 생활에 미칠 수 있는 편리함과 문제점을 한 가지씩 써 보세요.

_____

_____

_____

오늘의 어휘   **다음 단어의 알맞은 뜻을 찾아 선으로 이어 보세요.**

심각성 ·　　　　· 겁을 주며 압력을 가하여 남에게 억지로 어떤 일을 하도록 함

협박 ·　　　　· 매우 중요하고 큰 성질

피해자 ·　　　　· 잊지 않도록 마음에 깊이 새겨 둠

명심 ·　　　　· 자신의 생명이나 재산 등에 위협을 받은 사람

사회 정치 본책 46쪽

소방관에 이어 경찰도 카메라 달자, 이번엔 선생님?

💡 기사 깊이 알기

1 기사를 읽고 설명이 맞으면 ○표, 틀리면 ×표 하세요.

- 그동안 보디 캠은 소방관에게만 지급되었다. ( )
- 미국에서는 선생님들의 보디 캠 사용을 시험해 보았다. ( )
- 모든 사람이 선생님의 보디 캠 사용을 찬성한다. ( )

2 기사의 내용을 한 문장으로 정리한 것입니다. □ 안에 알맞은 말을 써 보세요.

선생님의 보디 캠 사용에 대한 [ ] 의견과 [ ] 의견이 있다.

3 여러분은 선생님의 보디 캠 사용에 찬성하나요, 아니면 반대하나요? 그 이유도 함께 써 보세요.

_____

_____

_____ 🖊

오늘의 어휘

다음 단어의 알맞은 뜻을 찾아 선으로 이어 보세요.

침해 ·	· 침범하여 해를 끼침
신뢰 ·	· 굳게 믿고 의지함
지급 ·	· 옷, 모자, 신발, 액세서리 등을 입거나 쓰거나 신거나 차거나 함
착용 ·	· 돈이나 물품 등을 정해진 몫만큼 내줌

사회 정치 본책 48쪽

불안한 전기차, 지하 주차장에 주차해도 될까?

💡 **기사 깊이 알기**

1 기사를 읽고 설명이 맞으면 ○표, 틀리면 ×표 하세요.

• 인천의 한 아파트 지하 주차장에서 발생한 전기차 화재 사고에서 스프링클러가 정상적으로 작동했다. (   )
• 전기차 화재는 다른 화재보다 불을 끄기가 더 어렵다. (   )
• 우리나라에는 현재 전기차가 60만 대 이상 등록되어 있다. (   )

2 기사의 내용을 한 문장으로 정리한 것입니다. □ 안에 알맞은 말을 써 보세요.

지하 주차장에서 발생한 [| |] 화재로 인해
사람들의 불안감이 커지고 있다.

3 지하 주차장에서 전기차 주차를 금지하자는 주장에 대해 여러분의 생각을 써 보세요.

_____

_____

_____ 🖊

오늘의 어휘 **다음 단어의 알맞은 뜻을 찾아 선으로 이어 보세요.**

거처 •   • 일정하게 자리를 잡고 사는 일 또는 그 장소

피난 •   • 향하여 내처 들어감

대책 •   • 어떤 일에 대처할 계획이나 수단

진입 •   • 재난을 피하여 멀리 옮겨 감

(사회)(정치) 본책 50쪽

60대 인구수, 40대 앞질러…, 늙어 가는 대한민국의 미래는?

💡 기사 깊이 알기

1 기사를 읽고 설명이 맞으면 ○표, 틀리면 ×표 하세요.

- 주민 등록 인구 통계에 따르면, 지금까지 인구수는 50대가 가장 많았다. (   )
- 2023년에는 70대 이상 인구수가 20대를 넘어섰다. (   )
- 초고령 사회가 되면 경제 상황이 좋아질 것이다. (   )

2 기사의 내용을 한 문장으로 정리한 것입니다. □ 안에 알맞은 말을 써 보세요.

우리나라는 [   ] 사회로 들어서고 있다.

3 여러분이 우리나라의 대통령이라면, 출생률을 높이기 위해 어떤 정책을 시행할 것인가요? 그 이유도 함께 써 보세요.

_____

_____

_____ ✏️

오늘의 어휘

다음 단어의 알맞은 뜻을 찾아 선으로 이어 보세요.

출생률 •	• 늙은이로서 썩 많은 나이 또는 그런 나이가 된 사람
세금 •	• 일정한 기간에 태어난 사람의 수가 전체 인구에 대하여 차지하는 비율
고령 •	• 나라의 살림을 위해 국민으로부터 거두어들이는 돈
부담 •	• 어떠한 의무나 책임을 짐

사회 정치 본책 52쪽

'반려동물 보유세' 만들어야 하나, 말아야 하나?

💡 기사 깊이 알기

1 기사를 읽고 설명이 맞으면 ○표, 틀리면 ×표 하세요.

- 우리나라 인구의 약 30%인 1,500만 명이 반려동물을 키우고 있다. (　　　)
- 반려동물 보유세를 만들자는 주장이 꾸준히 나오고 있다. (　　　)
- 정부와 국회는 반려동물 보유세를 반드시 만들겠다고 발표했다. (　　　)

2 기사의 내용을 한 문장으로 정리한 것입니다. □ 안에 알맞은 말을 써 보세요.

반려동물 □□□ 에 대한 찬성과 반대 의견이 팽팽히 맞서고 있다.

3 여러분은 반려동물 보유세에 찬성하나요, 아니면 반대하나요? 그 이유도 함께 써 보세요.

_____

_____

_____

오늘의 어휘

다음 단어의 알맞은 뜻을 찾아 선으로 이어 보세요.

수립 ·　　　　　· 매우 조심스러움

유기 ·　　　　　· 어느 쪽으로도 치우치지 않고 고름

신중 ·　　　　　· 내다 버림

공평 ·　　　　　· 국가나 정부, 제도, 계획 등을 이룩하여 세움

사회 정치 본책 54쪽

"뻔한 축제는 시시해요."
재치 있는 지역 축제가 뜬다!

🔦 기사 깊이 알기

1 기사를 읽고 설명이 맞으면 ○표, 틀리면 ✕표 하세요.

- 김천에서 열린 김밥 축제에는 무려 10만 명의 관광객이 몰려들었다. (　　　)
- 원주에서 열린 만두 축제에는 50만 명이 방문했다. (　　　)
- 김천의 김밥 축제는 일주일 동안 열렸다. (　　　)

2 기사의 내용을 한 문장으로 정리한 것입니다. □ 안에 알맞은 말을 써 보세요.

사람들의 관심을 끌 수 있는 독특하고 재치 있는

가 열렸다.

3 여러분이 우리 지역에서 축제를 기획한다면 어떤 축제를 만들고 싶나요? 그리고 그 축제에서는 어떤 행사를 진행할 계획인지 써 보세요.

_____

_____

_____ ✏️

오늘의 어휘
다음 단어의 알맞은 뜻을 찾아 선으로 이어 보세요.

발길 ·　　　　　　· 어떤 사람이나 장소를 찾아오는 손님

축제 ·　　　　　　· 축하하여 벌이는 큰 규모의 행사

기획 ·　　　　　　· 사람들이 오고 가는 것

방문객 ·　　　　　　· 일을 꾀하여 계획함

본책 56쪽

귀여운 강아지 미용 뒤에 숨겨진 슬픈 이야기

💡 기사 깊이 알기

1 기사를 읽고 설명이 맞으면 ○표, 틀리면 ×표 하세요.

- 애견 미용사 자격증 시험은 매년 10회 이상 열린다. (　　)
- 새끼를 낳을 수 있는 강아지들은 애견 미용 실습용으로 보내진다. (　　)
- 번식장에서 강아지를 기르거나 판매하려면 정부의 허가를 받아야 한다. (　　)

2 글쓴이가 이 기사를 쓴 이유는 무엇인가요?

① 학대를 받고 있는 애견 미용 실습용 강아지에 대해 알리려고
② 늘어나는 동물 미용 가게에 대해 알리려고
③ 강아지들에게 애견 미용이 꼭 필요하다는 것을 알리려고
④ 사람들이 강아지를 많이 기르도록 홍보하려고

3 애견 미용 실습용 강아지 대신 애견 미용사들이 연습할 수 있는 방법에는 어떤 것이 있을까요?

_____

_____

_____

오늘의 어휘

다음 단어의 알맞은 뜻을 찾아 선으로 이어 보세요.

과도 ·　　　　· 동물을 키우며 새끼를 낳게 하여 여러 마리로 늘어나게 하는 곳

실습 ·　　　　· 품질이나 능력, 시설 등이 매우 떨어지고 나쁜

번식장 ·　　　　· 정도에 지나침

열악 ·　　　　· 실제로 해 보고 익히는 일

21

 **사회 정치** 본책 58쪽

"나라를 지켜 주셔서 감사합니다!" 군인에게 감사 전하는 시민들

💡 **기사 깊이 알기**

1 기사를 읽고 설명이 맞으면 ○표, 틀리면 ✕표 하세요.

- 국가 보훈부 장관에게 감사 인사를 받은 아르바이트생은 태블릿 피시(PC) 선물을 거절했다. (   )
- 터미널 근처에서 식사하던 공군 병사의 밥값을 대신 계산해 주고 간 시민이 있었다.

  (   )
- 따뜻한 일을 겪은 군인들은 감동을 받고 큰 힘이 되었다고 말했다. (   )

2 기사의 내용을 한 문장으로 정리한 것입니다. □ 안에 알맞은 말을 써 보세요.

□□ 에게 감사의 마음을 전하는 시민들이 많이 있다.

3 나라를 지키며 애쓰는 군인을 위해 우리가 할 수 있는 일이 무엇일지 여러분의 생각을 써 보세요.

_____

_____

_____ 🖉

오늘의 어휘 **다음 단어의 알맞은 뜻을 찾아 선으로 이어 보세요.**

국가유공자 •   • 나라를 위한 공을 세우거나 희생한 사람

익명 •   • 직장·학교·군대 등의 단체에서, 일정한 기간 동안 쉬는 일

미담 •   • 이름을 숨김 또는 숨긴 이름이나 그 대신 쓰는 이름

휴가 •   • 사람을 감동시킬 만큼 아름다운 내용을 가진 이야기

사회 정치 본책 60쪽

대한민국이 발칵 뒤집혔다! '비상계엄'이 뭐길래?

💡 기사 깊이 알기

1 기사를 읽고 설명이 맞으면 ○표, 틀리면 ×표 하세요.

- 국회의원들은 군인과 경찰을 피해 담을 넘어 국회로 들어갔다. (　　)
- 우리나라에서는 지금까지 비상계엄이 15번 내려졌다. (　　)
- 국회에 들어간 국회의원 190명은 비상계엄 해제에 전원 찬성했다. (　　)

2 기사의 내용을 한 문장으로 정리한 것입니다. □ 안에 알맞은 말을 써 보세요.

대통령이 [　][　][　][　] 을 선포해서 국민이 큰 충격을 받았다.

3 비상계엄은 언제 선포해야 한다고 생각하나요? 비상계엄을 선포하면 어떤 일이 일어날지 상상해 써 보세요.

_____

_____

_____

오늘의 어휘

다음 단어의 알맞은 뜻을 찾아 선으로 이어 보세요.

선포 ·

· 세상에 널리 알림

해제 ·

· 묶인 것이나 무엇을 하지 못하게 했던 법 등을 풀어 자유롭게 함

무장 ·

· 대통령·국무 위원·법관 등이 맡은 임무를 그만두게 하거나 처벌하는 일

탄핵 ·

· 전투에 필요한 장비를 갖춤

사회 정치 본책 62쪽

2025년부터 AI 디지털 교과서 쓴다는데…, 찬성과 반대 뜨거워

💡 기사 깊이 알기

1 기사를 읽고 설명이 맞으면 ○표, 틀리면 ×표 하세요.

- 2025년 3월부터 초등학교 3~4학년 학생들은 영어와 수학 과목에 AI 디지털 교과서를 사용하게 된다. (   )
- 모든 사람이 AI 디지털 교과서 사용을 찬성한다. (   )
- 2028년 이후에는 AI 디지털 교과서만 사용될 예정이다 (   )

2 기사의 내용을 한 문장으로 정리한 것입니다. □ 안에 알맞은 말을 써 보세요.

AI □□□ □□□ 도입을 두고
찬성과 반대 의견이 팽팽히 맞서고 있다.

3 부모님, 형제, 친구 등 주변 사람들은 AI 디지털 교과서 사용에 대해 어떻게 생각하는지 조사하여 써 보세요.

_____

_____

_____

오늘의 어휘

다음 단어의 알맞은 뜻을 찾아 선으로 이어 보세요.

철저히 ·   · 모자라거나 부족한 것을 보충하여 완전하게 함

보완 ·   · 기술, 방법, 물자 등을 끌어 들임

의존 ·   · 빈틈이나 부족함이 없이

도입 ·   · 다른 것에 마음을 기대어 도움을 받아 존재함

사회 정치 본책 64쪽

불만 많은 '학생 선수 최저학력제', 일단 미뤄지긴 했는데…

💡 기사 깊이 알기

1 기사를 읽고 설명이 맞으면 O표, 틀리면 ×표 하세요.

- 교육부는 2024년에 학생 선수 최저학력제를 만들었다. (   )
- 초등학생 선수는 학교 평균 성적의 50% 이상을 받아야 대회에 출전할 수 있다.
  (   )
- 학생 선수 최저학력제로 인해 미술, 음악, 체육 등 모든 분야의 학생 선수들이 제재를 받았다. (   )

2 기사의 내용을 한 문장으로 정리한 것입니다. □ 안에 알맞은 말을 써 보세요.

학생 선수 □□□□□ 시행에

반발하는 학생 선수들이 많다.

3 학생 선수 최저학력제 없이도 학생 선수가 공부할 수 있도록 하기 위한 방법에는 무엇이 있을지 여러분의 생각을 써 보세요.

_____

_____

_____ ✏️

오늘의 어휘
다음 단어의 알맞은 뜻을 찾아 선으로 이어 보세요.

제재 ·   · 앞으로 나아갈 길

반발 ·   · 시합이나 경기 등에 나감

진로 ·   · 어떤 상태나 행동 등에 대하여 거스르고 반항함

출전 ·   · 법이나 규정을 어겼을 때 국가가 처벌이나 금지 등을 행함 또는 그런 일

경제 본책 70쪽

소시지 잘 팔리는 미국, 미국 경제의 어두운 신호

💡 기사 깊이 알기

1 기사를 읽고 설명이 맞으면 ○표, 틀리면 ✕표 하세요.

- 미국의 소시지 판매량이 줄어들었다. (   )
- 고기의 가격은 소시지 가격의 3분의 1 정도이다. (   )
- 미국은 오랜 기간 높은 물가가 이어졌다. (   )

2 기사의 내용을 한 문장으로 정리한 것입니다. □ 안에 알맞은 말을 써 보세요.

미국의 [   ] 상황이 어려워져서

소시지 판매량이 늘어나고 있다.

3 만약 우리나라의 경제 상황이 어려워진다면 사람들은 어떤 물건을 많이 살까요? 그 이유도 함께 써 보세요.

_____

_____

_____

오늘의 어휘 **다음 단어의 알맞은 뜻을 찾아 선으로 이어 보세요.**

가공식품 ·	· 인구 가운데 직업이 없는 사람이 차지하는 비율
대체재 ·	· 서로 대신 쓸 수 있는 물건
방부제 ·	· 채소, 고기, 생선 등을 인공적으로 처리하여 만든 식품
실업률 ·	· 미생물의 활동을 막아 물건이 썩지 않게 하는 약

경제 본책 72쪽

2025년 최저 임금 '1만 30원', 모두가 불만인 까닭은?

💡 기사 깊이 알기

1 기사를 읽고 설명이 맞으면 ○표, 틀리면 ×표 하세요.

- 2025년 최저 임금은 시간당 10,030원으로 정해졌다. (   )
- 최저 임금은 매년 법으로 정해져 발표된다. (   )
- 최저 임금 위원회에서 최저 임금을 결정한다. (   )

2 기사의 내용을 한 문장으로 정리한 것입니다. □ 안에 알맞은 말을 써 보세요.

1만 30원으로 정해진 [　][　] [　][　] 에 대해

사용자와 근로자 모두가 불만을 나타내고 있다.

3 여러분은 최저 임금 1만 30원이 충분하다고 생각하나요, 아니면 부족하다고 생각하나요? 그 이유도 함께 써 보세요.

_____

_____

_____

오늘의 어휘 **다음 단어의 알맞은 뜻을 찾아 선으로 이어 보세요.**

근로자 ·　　　　　　· 분쟁을 중간에서 화해하게 하거나 합의하도록 함

조정 ·　　　　　　· 일을 해서 받은 돈으로 생활하는 사람

사용자 ·　　　　　　· 물건의 값

물가 ·　　　　　　· 근로자를 고용하여 일을 시키고 돈을 주는 사람이나 단체

출제 본책 74쪽

프로 야구 천만 관중 돌파! '가성비', '가심비' 다 잡았다

💡 **기사 깊이 알기**

1 기사를 읽고 설명이 맞으면 ○표, 틀리면 ×표 하세요.

- 프로 야구 누적 관중 수가 1,000만 명을 넘은 것은 이번이 처음이다. (   )
- 야구장 입장료는 영화 관람료와 비슷하다. (   )
- 2024년에는 지방 야구단들의 성적이 좋지 않았다. (   )

2 기사의 내용을 한 문장으로 정리한 것입니다. □ 안에 알맞은 말을 써 보세요.

| | | | 와 | | | | 덕분에 프로 야구

누적 관중 수가 1,000만 명을 넘어섰다.

3 여러분이 좋아하는 여가 활동은 무엇인가요? 그 활동을 좋아하는 이유도 함께 써 보세요.

_____

_____

_____ 🖊

오늘의 어휘 **다음 단어의 알맞은 뜻을 찾아 선으로 이어 보세요.**

누적 ·　　　　　　　· 연극, 영화, 운동 경기 등을 구경함

여가 ·　　　　　　　· 깊이 파고들거나 빠짐

관람 ·　　　　　　　· 포개져 여러 번 쌓임

몰입 ·　　　　　　　· 일이 없어 남는 시간

경제 본책 76쪽

"빌려줄 때 이자 더 받아요."
은행이 돈 버는 금리의 세계

🔍 기사 깊이 알기

1 기사를 읽고 설명이 맞으면 ○표, 틀리면 ×표 하세요.

- 사람들이 은행에 돈을 맡기면 은행은 그 돈을 필요한 사람에게 빌려준다. (   )
- 금리는 원금에 비해 이자가 얼마나 발생하는지 비율로 나타낸 것이다. (   )
- 은행이 금리를 마음대로 정할 수 있다. (   )

2 기사의 내용을 한 문장으로 정리한 것입니다. □ 안에 알맞은 말을 써 보세요.

은행의 [   ] 금리는 낮은데 [   ] 금리는 높아져,
예금을 하거나 대출을 받으려는 사람들의 걱정이 커지고 있다.

3 대출 금리가 앞으로 올라간다면 대출을 지금 받는 것이 좋을까요, 아니면 나중에 받는 것이 좋을까요? 그 이유도 함께 써 보세요.

_____

_____

_____

오늘의 어휘

다음 단어의 알맞은 뜻을 찾아 선으로 이어 보세요.

투자 ·　　　　　· 가격 등을 낮춤

이자 ·　　　　　· 돈이나 물건 등을 빌려주거나 빌림

인하 ·　　　　　· 남에게 돈을 빌려 쓴 대가로 치르는 일정한 비율의 돈

대출 ·　　　　　· 이익을 얻기 위하여 어떤 일이나 사업에 돈을 대거나 시간이나 정성을 쏟음

본책 78쪽

요즘 젊은이들은 '욜로'가 아니라 '요노'랍니다

💡 기사 깊이 알기

1 기사를 읽고 설명이 맞으면 O표, 틀리면 ×표 하세요.

- 꼭 필요한 것에만 돈을 쓰며 절약하는 젊은이들이 점점 늘어나고 있다. (   )
- 최근 젊은이들 사이에서 욜로 문화가 유행하고 있다. (   )
- 몇 년 전만 해도 20~30대는 요노를 외쳤다. (   )

2 기사의 내용을 한 문장으로 정리한 것입니다. □ 안에 알맞은 말을 써 보세요.

최근에는 꼭 필요한 것에만 지갑을 여는

☐☐ 문화가 유행하고 있다.

3 여러분은 욜로와 요노 중 어떤 문화가 더 마음에 드나요? 그 이유도 함께 써 보세요.

_____

_____

_____ ✎

오늘의 어휘

다음 단어의 알맞은 뜻을 찾아 선으로 이어 보세요.

유행 ·   · 이미 사용했거나 오래된 물건

절약 ·   · 특정한 행동이 많은 사람의 인기를 얻어 널리 퍼짐

사치품 ·   · 함부로 쓰지 않고 꼭 필요한 데에만 써서 아낌

중고 ·   · 분수에 지나치거나 생활의 필요 정도에 넘치는 물품

경제 본책 80쪽

세뱃돈 저축하러 은행에 갔는데,
"어? 예금, 적금이 뭐지?"

기사 깊이 알기

1 기사를 읽고 설명이 맞으면 ○표, 틀리면 ✕표 하세요.

- 정기 예금보다 보통 예금의 이자가 더 높다. (   )
- 정기 예금은 약속 기간 전에 돈을 찾아도 이자를 제대로 받을 수 있다. (   )
- 저축은 항상 정기 예금으로 하는 것이 좋다. (   )

2 기사의 내용을 한 문장으로 정리한 것입니다. □ 안에 알맞은 말을 써 보세요.

과 적금의 특징을 알고 자신에게 맞는 방법으로 저축하는 것이 중요하다.

3 매달 정해진 용돈을 받는 사람은 어떤 저축 방법을 선택하는 것이 좋을까요? 그 이유도 함께 써 보세요.

_____

_____

_____

오늘의 어휘

다음 단어의 알맞은 뜻을 찾아 선으로 이어 보세요.

세배 ·   · 계약한 사람 중 한쪽의 사정 때문에 계약을 취소하는 것

저축 ·   · 쌓아 모아 둠

해지 ·   · 설날에 웃어른께 인사로 하는 절

정기 ·   · 기한이나 기간이 일정하게 정해져 있는 것 또는 그 기한이나 기간

경제 본책 82쪽

○○○ 도박, 어린이도 위험하다!

💡 기사 깊이 알기

1 기사를 읽고 설명이 맞으면 ○표, 틀리면 ×표 하세요.

- 초중고 학생 1만 8,444명 중 38.8%가 도박을 해 본 적이 있다고 답했다. (　　　)
- 청소년들은 처음에는 게임인 줄 알고 도박을 시작하는 경우가 많다. (　　　)
- 경찰에 잡힌 도박 범죄자 중 초등학생은 없었다. (　　　)

2 기사의 내용을 한 문장으로 정리한 것입니다. □ 안에 알맞은 말을 써 보세요.

어린이들이 □□□ □□ 에 노출되어 있다.

3 초등학생 친구들에게 온라인 도박을 하지 말아야 한다고 설득하는 말을 써 보세요.

_____

_____

_____ ✏️

오늘의 어휘

다음 단어의 알맞은 뜻을 찾아 선으로 이어 보세요.

중독 ·　　　　　　· 계획을 세움 또는 그 계획

설계 ·　　　　　　· 어떤 생각이나 사물에 젖어 버려 정상적으로 사물을 판단할 수 없는 상태

도박 ·　　　　　　· 가까이 대하다

접하다 ·　　　　　　· 돈이나 재물을 걸고 서로 내기를 하는 일

경제 본책 84쪽

흔해지고 맛없어지고, 샤인 머스캣 인기 뚝! 가격 뚝!

💡 기사 깊이 알기

1 기사를 읽고 설명이 맞으면 ○표, 틀리면 ×표 하세요.

- 샤인 머스캣은 망고의 맛과 향이 난다. (　　　)
- 지난 한 달 사이 샤인 머스캣의 평균 가격이 56% 떨어졌다. (　　　)
- 샤인 머스캣의 열매는 120일 이상 충분히 익혀야 맛있어진다. (　　　)

2 기사의 내용을 한 문장으로 정리한 것입니다. □ 안에 알맞은 말을 써 보세요.

명품 과일 샤인 머스캣의 [　　|　　]이 떨어지고 있다.

3 여러분이 좋아하는 과일은 무엇이며, 그 과일을 좋아하는 이유는 무엇인가요? 그리고 마트나 시장에서 그 과일은 얼마에 팔리고 있나요?

_____

_____

_____

오늘의 어휘 다음 단어의 알맞은 뜻을 찾아 선으로 이어 보세요.

출하량 •　　　　　　• 생산자가 생산품을 시장으로 내보낸 양

공급 •　　　　　　• 예정하거나 필요한 수량보다 많아 남음

과잉 •　　　　　　• 마주치기를 피하거나 얼굴을 돌림

외면 •　　　　　　• 시장에 돈이나 물건, 서비스 등을 제공하는 일 또는 그 제공된 상품의 양

경제 본책 86쪽

팍팍한 살림살이에
서민들 못 갚은 빚만 늘어…

💡 기사 깊이 알기

1 기사를 읽고 설명이 맞으면 ○표, 틀리면 ×표 하세요.

- 은행 금리가 높아지면서 은행에 대출한 돈을 갚지 못하는 사람이 줄어들었다.
  (   )

- 살림살이가 어려워지면서 가게들은 손님이 줄어들어 문을 닫는 경우가 많아졌다.
  (   )

- 정부는 서민들을 위한 금융 정책 마련에 힘쓰겠다고 밝혔다. (   )

2 기사의 내용을 한 문장으로 정리한 것입니다. □ 안에 알맞은 말을 써 보세요.

살림살이가 팍팍해져 [   ]을 갚지 못하는 사람이 늘었다.

3 여러분이 정부에서 일하는 사람이라면 살림살이가 어려운 사람들을 위해 어떤 정책을 만들지 써 보세요.

_____

_____

_____ 🖉

오늘의 어휘

다음 단어의 알맞은 뜻을 찾아 선으로 이어 보세요.

대출 ·   · 물건의 값으로 치르는 돈

서민 ·   · 삶의 여유가 없고 힘겹다

팍팍하다 ·   · 경제적으로 넉넉지 못한 생활을 하는 사람

대금 ·   · 돈이나 물건 등을 빌려주거나 빌림

경제 본책 88쪽

'미투 상품' 이렇게 똑같이 만들어도 괜찮은 걸까?

💡 기사 깊이 알기

1 기사를 읽고 설명이 맞으면 ○표, 틀리면 ×표 하세요.

• 미투 상품은 원조 상품을 그대로 베껴 만든다. (　　)
• 미투 상품은 원조 상품에 다른 몇 가지 특징을 더해 법적인 문제가 일어나지 않게 만든다. (　　)
• 미투 상품이 지나치게 많아지면 시장에서 새롭고 창의적인 상품이 나오는 것을 방해할 수 있다. (　　)

2 기사의 내용을 한 문장으로 정리한 것입니다. □ 안에 알맞은 말을 써 보세요.

| | | | | 에는 좋은 점과 나쁜 점이 있다.

3 여러분이 좋아하는 과자는 무엇인가요? 만약 여러분이 그 과자의 미투 상품을 만든다면 이름과 포장은 어떻게 할지 써 보세요.

_____

_____

_____ 🖊

오늘의 어휘   다음 단어의 알맞은 뜻을 찾아 선으로 이어 보세요.

품질 ·　　　　　　· 어떤 사물이나 물건의 최초 시작으로 인정되는 사물이나 물건

원조 ·　　　　　　· 같은 목적에 대하여 이기거나 앞서려고 서로 겨룸

경쟁 ·　　　　　　· 물건의 성질

유도 ·　　　　　　· 사람이나 물건을 목적한 장소나 방향으로 이끎

경제 본책 90쪽

영화 티켓은 할인받았는데…, "어? 팝콘값이 왜 이리 비싸?"

기사 깊이 알기

1 기사를 읽고 설명이 맞으면 ○표, 틀리면 ×표 하세요.

- 영화관에서 영화 한 편을 보는 값이면 OTT를 한 달 이상 볼 수 있다. (   )
- 사람들이 실제로 영화를 보는 데 낸 평균 금액은 1만 5천 원이다. (   )
- 영화관은 할인을 해서라도 관람석을 채우는 게 이득이다. (   )

2 기사의 내용을 한 문장으로 정리한 것입니다. □ 안에 알맞은 말을 써 보세요.

영화관은 티켓값보다는 [   ], 음료 등을 팔아서 돈을 번다.

3 영화관에서 다른 사람들과 함께 영화를 볼 때 먹어도 괜찮은 음식과 그렇지 않은 음식을 써 보세요.

_____

_____

_____

오늘의 어휘

다음 단어의 알맞은 뜻을 찾아 선으로 이어 보세요.

제휴 ·　　　　　　 · 행동을 함께하기 위하여 서로 붙들어 이끎

수익 ·　　　　　　 · 물건의 가치에 맞는 가격

제값 ·　　　　　　 · 이익을 거두어들임 또는 그 이익

혜택 ·　　　　　　 · 은혜와 베풀어 준 도움을 아울러 이르는 말

물가는 오르고, 혼자 사는 사람 늘고…, 컵라면 10억 개 팔렸다

기사 깊이 알기

1 기사를 읽고 설명이 맞으면 ○표, 틀리면 ×표 하세요.

- 컵라면 매출이 2014년에 처음으로 1조 원을 넘었다. (   )
- 컵라면이 봉지 라면보다 더 잘 팔린다. (   )
- 컵라면의 매출 증가세는 봉지 라면의 두 배에 이른다. (   )

2 기사의 내용을 한 문장으로 정리한 것입니다. □ 안에 알맞은 말을 써 보세요.

외식 [   ]가 높아지고 [   ] 가구가 증가하여

저렴하고 간편한 컵라면을 찾는 사람이 많아졌다.

3 여러분이 만들어 보고 싶은 컵라면은 어떤 컵라면인가요? 그 이유도 함께 써 보세요.

_____

_____

_____

오늘의 어휘

다음 단어의 알맞은 뜻을 찾아 선으로 이어 보세요.

외식 •   • 어떠한 의무나 책임을 짐

소비 지출 •   집에서 직접 해 먹지 않고 밖에서 음식을 사 먹음 또는 그런 식사

저렴 •   • 소비자가 무엇을 사기 위해 돈을 쓰는 일

부담 •   • 값이 낮고 싸다

세계 본책 98쪽

세계는 지금 가짜 뉴스와 전쟁 중!

💡 **기사 깊이 알기**

1 기사를 읽고 설명이 맞으면 ○표, 틀리면 ×표 하세요.

- 우리나라 국회의원들은 가짜 뉴스에 대한 처벌을 강화하는 법을 만들기로 했다.

( )
- 대만에서는 가짜 뉴스를 만든 사람을 처벌하지 않는다. ( )
- 유럽 연합은 가짜 뉴스를 막지 않는 인터넷 회사를 처벌하기로 했다. ( )

2 기사의 내용을 한 문장으로 정리한 것입니다. □ 안에 알맞은 말을 써 보세요.

세계 여러 나라들이 [ ][ ] [ ][ ] 를 막기 위한 방법을 고민하고 있다.

3 가짜 뉴스를 만든 사람과 이를 막지 않는 인터넷 회사 중 가짜 뉴스로 인한 피해에 대해 누구의 책임이 더 크다고 생각하나요? 그 이유도 함께 써 보세요.

_____

_____

_____ 🖉

오늘의 어휘

다음 단어의 알맞은 뜻을 찾아 선으로 이어 보세요.

피해자 •   • 죄를 지은 사람을 평생 동안 감옥에 가두는 벌

처벌 •   • 죄를 지은 사람에게 벌을 내림

가해자 •   • 다른 사람의 생명이나 신체, 재산, 명예 따위에 해를 끼친 사람

무기 징역 •   • 자신의 생명이나 신체, 재산, 명예 따위에 침해 또는 위협을 받은 사람

38

"탕! 탕!" 무서워서 어떻게 사나…, 미국은 왜 총을 허용할까?

💡 **기사 깊이 알기**

1 기사를 읽고 설명이 맞으면 ○표, 틀리면 ×표 하세요.

- 2024년 9월, 미국 조지아주의 총기 사고로 4명이 죽고 9명이 다쳤다. ( )
- 미국에서는 자신을 보호하려면 총이 필요하다고 믿는 사람이 많다. ( )
- 미국에서 총기 규제를 요구하는 목소리가 커지고 있다. ( )

2 기사의 내용을 한 문장으로 정리한 것입니다. ☐ 안에 알맞은 말을 써 보세요.

미국에서 ☐으로 인한 사고가 많이 일어나고 있다.

3 여러분은 총기 소지에 대해 어떻게 생각하나요? 그 이유도 함께 써 보세요.

_____

_____

_____ 🖊

오늘의 어휘 **다음 단어의 알맞은 뜻을 찾아 선으로 이어 보세요.**

허용 ·   · 허락하여 너그럽게 받아들임

소지 ·   · 규칙이나 규정에 의하여 일정한 한도를 정하거나 정한 한도를 넘지 못하게 막음

규제 ·   · 물건을 지니고 있는 일

무장 ·   · 전투에 필요한 장비를 갖춤

세계 본책 102쪽

중국, 비 만들다가 태풍급 강풍 맞았다!

💡 기사 깊이 알기

1 기사를 읽고 설명이 맞으면 ○표, 틀리면 ×표 하세요.

- 중국 충칭시에 태풍급 강풍이 불었다. (   )
- 중국 충칭시는 9월 2일부터 이틀 동안 인공 강우 작업을 했다. (   )
- 전문가들은 이번 현상이 인공 강우의 부작용이라고 확신했다. (   )

2 기사의 내용을 한 문장으로 정리한 것입니다. □ 안에 알맞은 말을 써 보세요.

　　　　　　　로 인해 충칭시에 이상 기후가 발생한 것으로 의심된다.

3 여러분은 인공 강우를 사용하는 것에 대해 어떻게 생각하나요? 그 이유도 함께 써 보세요.

_____

_____

_____

오늘의 어휘

다음 단어의 알맞은 뜻을 찾아 선으로 이어 보세요.

자연재해 ·　　　　　 · 옳고 그름을 판단하여 밝히거나 잘못된 점을 지적함

아수라장 ·　　　　　 · 싸움이나 그 밖의 다른 일로 큰 혼란에 빠진 상태

비판 ·　　　　　 · 매우 심한 더위

폭염 ·　　　　　 · 태풍, 홍수 등의 피할 수 없는 자연 현상으로 인한 피해

39

올림픽 실격과 맞바꾼 외침,
"아프간 여성들에게 자유를!"

💡 기사 깊이 알기

1 기사를 읽고 설명이 맞으면 〇표, 틀리면 ×표 하세요.

- 마니자 탈라시 선수는 동메달을 받았다. (　　)
- 마니자 탈라시 선수는 브레이킹을 한다는 이유로 생명의 위협을 받았다. (　　)
- 마니자 탈라시 선수는 올림픽에서 한 자신의 행동을 후회하고 있다. (　　)

2 기사의 내용을 한 문장으로 정리한 것입니다. □ 안에 알맞은 말을 써 보세요.

2024년 파리 올림픽에 출전한 마니자 탈라시 선수는

'아프간 여성들에게 □□를'이라고 적힌 천을 펼쳐 실격 처분을 받았다.

3 여러분이 생각하는 자유는 무엇인지, 예를 들어 써 보세요.

_____

_____

_____

오늘의 어휘
다음 단어의 알맞은 뜻을 찾아 선으로 이어 보세요.

실격 ·　　　· 전쟁이나 재난 등을 당하여 곤경에 빠진 사람

난민 ·　　　· 글의 한 토막

각오 ·　　　· 앞으로 해야 할 일이나 겪을 일에 대한 마음의 준비

문구 ·　　　· 기준 미달이나 기준 초과, 규칙 위반 등으로 자격을 잃음

세계 본책 106쪽

'팁(TIP)' 때문에 골치 아픈 미국

💡 기사 깊이 알기

1 기사를 읽고 설명이 맞으면 O표, 틀리면 ×표 하세요.

- 미국에서는 팁을 주지 않는 것을 무례하다고 여기는 문화가 있다. (　　　)
- 미국의 팁 문화는 유럽 귀족들이 하인에게 돈을 주던 관습을 미국인이 따라 하면서 시작되었다. (　　　)
- 요즘 미국인들은 팁 문화로 골치를 앓고 있다. (　　　)

2 기사의 내용을 한 문장으로 정리한 것입니다. □ 안에 알맞은 말을 써 보세요.

미국은 과도한 　□　 문화로 골치를 앓고 있다.

3 여러분은 팁 문화에 대해 어떻게 생각하나요? 그 이유도 함께 써 보세요.

_____

_____

_____

오늘의 어휘

다음 단어의 알맞은 뜻을 찾아 선으로 이어 보세요.

골치 ·　　　　· 머리를 속되게 이르는 말

관습 ·　　　　· 태도나 말에 예의가 없음

무례 ·　　　　· 어떤 사회에서 오랫동안 지켜 내려와 그 사회 사람들이 인정하는 질서나 풍습

추가 ·　　　　· 나중에 더 보탬

세계 본책 108쪽

부부가 같은 성을 쓰는 나라들

기사 깊이 알기

1 기사를 읽고 설명이 맞으면 ○표, 틀리면 ×표 하세요.

- 미국은 성이 이름 뒤에 온다. (   )
- 서양의 많은 나라는 부부동성 제도를 따르고 있다. (   )
- 영국에서는 90%가 아내의 성을 따른다. (   )

2 기사의 내용을 한 문장으로 정리한 것입니다. □ 안에 알맞은 말을 써 보세요.

결혼을 하면 부부가 같은 [   ]을 쓰는 나라들이 있다.

3 여러분은 부부동성 제도에 대해 어떻게 생각하나요? 그 이유도 함께 써 보세요.

_____

_____

_____

오늘의 어휘

다음 단어의 알맞은 뜻을 찾아 선으로 이어 보세요.

성 ·	· 같은 조상의 자손임을 나타내기 위해 주로 아버지와 자식 간에 대대로 이어지는 이름
제도 ·	· 국가적으로 인정된 공적인 방식
공식 ·	· 가족 또는 가까운 친척으로 이루어진 공동체
가문 ·	· 관습, 도덕, 법률 등의 규칙이나 사회 구조의 체계

세계 본책 110쪽

○○들의 노벨상 '이그 노벨상', 올해는 어떤 연구가 받았나?

💡 기사 깊이 알기

1 기사를 읽고 설명이 맞으면 ○표, 틀리면 ×표 하세요.

- 2024년 9월 12일, 제34회 이그 노벨상 시상식이 열렸다. (   )
- 이그 노벨상 시상식은 하버드 대학교의 한 강의실에서 열렸다. (   )
- 이그 노벨상 시상식에서 총 8개의 연구가 상을 받았다. (   )

2 기사의 내용을 한 문장으로 정리한 것입니다. □ 안에 알맞은 말을 써 보세요.

2024년 9월, 웃음을 주면서도 생각하게 만드는 엉뚱한 연구에 상을 주는

□□□ □□□ 시상식이 열렸다.

3 여러분은 어떤 엉뚱한 연구를 해 보고 싶나요? 이그 노벨상에 어울리는 연구 주제를 생각해 써 보세요.

_____

_____

_____

오늘의 어휘

다음 단어의 알맞은 뜻을 찾아 선으로 이어 보세요.

북반구 ·   · 어떤 일이나 사물에 대해 깊이 있게 조사하는 일

연구 ·   · 지구를 가로로 반으로 나누었을 때의 북쪽 부분

포유류 ·   · 사람의 머리에 머리카락이 한곳을 중심으로 빙 돌아 나서 소용돌이 모양으로 된 부분

가마 ·   · 어미가 새끼를 낳아 젖을 먹여 기르는 동물

세계 본책 112쪽

세계의 어린이들 '멍청한 전화' 쓰는 이유는?

기사 깊이 알기

1 기사를 읽고 설명이 맞으면 ○표, 틀리면 ×표 하세요.

- 한국에서는 어린이에게 스마트폰을 팔지 못한다. (　　　)
- 우리나라 어린이들이 디지털 기기를 처음 사용하는 시기는 평균 2살이다. (　　　)
- 덤 폰은 1990년대에 쓰이던 성능이 낮은 휴대 전화이다. (　　　)

2 기사의 내용을 한 문장으로 정리한 것입니다. □ 안에 알맞은 말을 써 보세요.

세계 여러 나라가 [　][　][　][　] 사용 문제로부터
어린이를 보호하기 위한 방법을 고민하고 있다.

3 여러분은 어린이가 스마트폰을 사용하는 것에 대해 어떻게 생각하나요? 그 이유도 함께 써 보세요.

_____

_____

_____

오늘의 어휘

다음 단어의 알맞은 뜻을 찾아 선으로 이어 보세요.

성능 ·　　　　　· 상품이 시중에 나옴 또는 상품을 시중에 내보냄

출시 ·　　　　　· 어떤 사실이나 내용을 분석하여 따짐

노출 ·　　　　　· 기계 등이 지닌 성질이나 기능

검토 ·　　　　　· 겉으로 드러나거나 드러냄

세계 본책 114쪽

"왜 여기서 그래요?" 엉뚱하게 고통받는 영국의 미술관

🔍 기사 깊이 알기

1 기사를 읽고 설명이 맞으면 ○표, 틀리면 ×표 하세요.

- 내셔널 갤러리에는 빈센트 반 고흐와 레오나르도 다 빈치의 작품이 있다. (   )
- 2024년 9월 27일, 반 고흐의 「해바라기」 두 점에 초록색 물감이 뿌려졌다. (   )
- 작품에 수프를 뿌린 사람은 환경 단체 '저스트 스톱 오일'의 환경 운동가이다.

(   )

2 기사의 내용을 한 문장으로 정리한 것입니다. □ 안에 알맞은 말을 써 보세요.

환경 운동가들이 미술관에 전시된 [   ]을 훼손하는 행동이 문제가 되고 있다.

3 사람들이 환경 보호에 관심을 갖게 하기 위한 방법에는 어떤 것이 있을까요?

_____

_____

_____

오늘의 어휘
다음 단어의 알맞은 뜻을 찾아 선으로 이어 보세요.

시위 •　　　　　　　• 운반하여 들여옴

과격 •　　　　　　　• 정도가 지나치게 격렬함

반입 •　　　　　　　• 헐거나 깨뜨려 못 쓰게 만듦

훼손 •　　　　　　　• 많은 사람이 공공연하게 의사를 표시하여 집회나 행진을 하며 위력을 나타내는 일

세계 본책 116쪽

미국 제47대 대통령 '도널드 트럼프' 당선, 세계에 미칠 영향은?

💡 기사 깊이 알기

1 기사를 읽고 설명이 맞으면 ○표, 틀리면 ×표 하세요.

- 카멀라 해리스가 제47대 미국 대통령으로 당선됐다. (   )
- 트럼프의 미국 우선주의는 많은 사람의 지지를 받았다. (   )
- 트럼프는 2025년 3월부터 대통령 업무를 시작한다. (   )

2 기사의 내용을 한 문장으로 정리한 것입니다. □ 안에 알맞은 말을 써 보세요.

도널드 트럼프가 미국의 [   ][   ]으로 당선되어,

세계 여러 나라가 주목하고 있다.

3 여러분은 어떤 사람이 대통령이 되어야 한다고 생각하나요? 그 이유도 함께 써 보세요.

_____

_____

_____ 🖉

오늘의 어휘

다음 단어의 알맞은 뜻을 찾아 선으로 이어 보세요.

외교 ·

· 일정한 지역이나 조직 밖으로 쫓아냄

이민자 ·

· 인종적 편견 때문에 특정한 인종에게 사회적, 경제적, 법적 불평등을 강요하는 일

추방 ·

· 자기 나라를 떠나 다른 나라로 사는 곳을 옮겨 사는 사람

인종 차별 ·

· 다른 나라와 정치적, 경제적, 문화적 관계를 맺는 일

세계 본책 118쪽

"학교에서 크록스 신지 마세요!" 크록스 금지하는 미국 학교들

💡 기사 깊이 알기

1 기사를 읽고 설명이 맞으면 ○표, 틀리면 ×표 하세요.

- 미국 설문 조사에서 크록스는 '40대가 가장 좋아하는 상위 10대 상품'에 포함되었다. (   )
- 미국에서 최소 12개 주의 여러 학교가 크록스 착용을 금지했다. (   )
- 의학 전문가들은 크록스가 발 건강에 도움이 되는 신발이라고 평가한다. (   )

2 기사의 내용을 한 문장으로 정리한 것입니다. □ 안에 알맞은 말을 써 보세요.

미국에는 학생들의 발 건강과 안전을 위해 크록스 신는 것을

[   ] 하는 학교가 있다.

3 생활 속에서 건강과 안전을 위해 지켜야 하는 것에는 어떤 것이 있는지 두 가지 써 보세요.

_____

_____ ✏️

_____

오늘의 어휘

다음 단어의 알맞은 뜻을 찾아 선으로 이어 보세요.

매출 •	• 다른 사람이나 개체와 구별되는 고유의 특성
성장세 •	• 어떤 일이나 상태가 자라 가는 형세 또는 기세
개성 •	• 갑자기 일을 당하여 어찌할 바를 모르고 쩔쩔맴
당혹 •	• 물건 등을 내다 파는 일

세계 본책 120쪽

소 방귀, 숨 쉬기에 돈을 내라고? 세계의 독특한 세금들

💡 기사 깊이 알기

1 기사를 읽고 설명이 맞으면 ○표, 틀리면 ×표 하세요.

- 덴마크는 2030년부터 방귀세를 도입하기로 했다. (   )
- 18세기 프랑스 루이 15세는 세금을 많이 거두려고 공기세를 받았다. (   )
- 콜롬비아는 2023년부터 설탕이나 소금이 많이 들어간 식품에 20%의 건강세를 부과했다. (   )

2 기사의 내용을 한 문장으로 정리한 것입니다. □ 안에 알맞은 말을 써 보세요.

세계 여러 나라에서 독특한 [   ]을 걷고 있다.

3 여러분은 나라에서 세금을 많이 걷어야 한다고 생각하나요, 아니면 적게 걷어야 한다고 생각하나요? 그 이유도 함께 써 보세요.

_____

_____

_____ ✏️

오늘의 어휘

다음 단어의 알맞은 뜻을 찾아 선으로 이어 보세요.

도입 ·   · 지구의 기온이 높아지는 현상

부과 ·   · 세금이나 부담금 등을 매기어 부담하게 함

배출 ·   · 안에서 밖으로 밀어 내보냄

지구 온난화 ·   · 기술, 방법, 물자 등을 끌어 들임

BTS, 빌보드 '21세기 최고 팝스타'에 선정…, 그런데 빌보드가 뭐지?

💡 기사 깊이 알기

1 기사를 읽고 설명이 맞으면 ○표, 틀리면 ×표 하세요.

- 빌보드는 BTS가 21세기 최고의 팝스타 19위에 올랐다고 발표했다. (   )
- 빌보드는 1894년 영국에서 시작된 가수 홍보 잡지이다. (   )
- 요즘 빌보드는 주크박스로 가장 많이 들은 노래 순위를 발표한다. (   )

2 기사의 내용을 한 문장으로 정리한 것입니다. □ 안에 알맞은 말을 써 보세요.

는 세계적으로 인정받는 음악 순위의 기준이다.

3 여러분이 생각하기에 빌보드 차트에 오를 만큼 좋은 노래는 무엇인가요? 그 이유도 함께 써 보세요.

_____

_____

_____

오늘의 어휘
다음 단어의 알맞은 뜻을 찾아 선으로 이어 보세요.

홍보 ·

잡지 ·

청사진 ·

권위 ·

· 미래에 대한 희망적인 계획이나 구상

· 일정한 이름을 가지고 정기적으로 내는 책

· 일정한 분야에서 사회적으로 인정을 받고 영향력을 끼칠 수 있는 위엄과 신망

· 널리 알림 또는 그 소식이나 보도

문화 예술 본책 128쪽

세계 최고 한국 양궁, 왜 이렇게 강한가?

💡 기사 깊이 알기

1 기사를 읽고 설명이 맞으면 O표, 틀리면 ×표 하세요.

• 2024년 파리 올림픽에서 한국 양궁은 금메달 5개를 땄다. (   )
• 양궁 국가대표 선발전의 경쟁은 올림픽에서 메달을 따는 것보다 더 어렵다는 말이 나올 정도로 치열하다. (   )
• 한국 양궁 선수들은 하루에 400발 이상의 화살을 쏜다. (   )

2 기사의 내용을 한 문장으로 정리한 것입니다. □ 안에 알맞은 말을 써 보세요.

한국 양궁이 강한 이유는 체계적이고 [   ]한 시스템 덕분이다.

3 우리나라 양궁 선수들을 응원하는 편지를 써 보세요.

_____

_____

_____

오늘의 어휘
다음 단어의 알맞은 뜻을 찾아 선으로 이어 보세요.

체계적 ·   · 같은 목적을 가진 사람들이 세운 모임

공정 ·   · 기세나 세력 등이 불길같이 몹시 사납고 세참

치열 ·   · 공평하고 올바름

협회 ·   · 낱낱의 부분이 짜임새 있게 조직되어 통일된 전체를 이루는 것

배우는 사람 없어 국가 무형유산이 사라진다, '전승취약 종목'

기사 깊이 알기

1 기사를 읽고 설명이 맞으면 ○표, 틀리면 ×표 하세요.

- 바디와 백동연죽을 만드는 기술은 전승취약 종목으로 지정되어 있다. (　　　)
- 전통 물건들을 만드는 기술은 국가 무형유산으로 지정되어 있다. (　　　)
- 국가유산청은 전승취약 종목의 기술을 가진 국가 무형유산 보유자에게 매년 313만 원을 지원하고 있다. (　　　)

2 기사의 내용을 한 문장으로 정리한 것입니다. □ 안에 알맞은 말을 써 보세요.

| | | | | 종목의 전통을 지키기 위한 노력이
|---|---|---|---|

더 적극적으로 이루어져야 한다.

3 돈을 지원하는 것 외에 전승취약 종목을 지키기 위한 방법에는 어떤 것이 있을지 써 보세요.

_____

_____

_____

오늘의 어휘

다음 단어의 알맞은 뜻을 찾아 선으로 이어 보세요.

전승 ·　　　　· 문화, 풍속, 제도 등을 이어받음 또는 그것을 물려주어 잇게 함

취약 ·　　　　· 대상에 대한 태도가 긍정적이고 능동적인 것

적극적 ·　　　　· 지지하여 도움

지원 ·　　　　· 무르고 약함

'독수리' 대신할 우리말 태풍 이름은?

💡 기사 깊이 알기

1 기사를 읽고 설명이 맞으면 ○표, 틀리면 ×표 하세요.

- 기상청이 새로운 우리말 지진 이름을 공모한다고 발표했다. (　　　)
- 태풍 이름은 14개 나라가 10개씩 제출한 총 140개를 돌아가면서 사용한다.

  (　　　)

- 독수리는 사나운 새라는 이유로 태풍 이름에서 없애기로 했다. (　　　)

2 기사의 내용을 한 문장으로 정리한 것입니다. □ 안에 알맞은 말을 써 보세요.

기상청은 독수리를 대신할 새로운 □□ 이름을 공모하고 있다.

3 여러분이 추천하는 태풍의 이름은 무엇인가요? 그 이유도 함께 써 보세요.

_____

_____

_____

오늘의 어휘

다음 단어의 알맞은 뜻을 찾아 선으로 이어 보세요.

일부 ·	· 한 부분 또는 전체를 여럿으로 나눈 얼마
피해 ·	· 도와주거나 보살펴 주려고 마음을 씀
배려 ·	· 생명이나 신체, 재산, 명예 등에 손해를 입음
공모 ·	· 일반에게 널리 공개하여 모집함

문화 예술 본책 134쪽

110년 만에 돌아온 항일 의병장들의 편지

💡 **기사 깊이 알기**

1 기사를 읽고 설명이 맞으면 ○표, 틀리면 ×표 하세요.

- 윤인순은 의병장이 아니었다. (   )
- 일본은 우리 의병장들을 폭도, 두목이라고 나쁘게 불렀다. (   )
- 국가유산청은 의병 관련 문서와 편지들을 국립 중앙 박물관에서 공개했다. (   )

2 기사의 내용을 한 문장으로 정리한 것입니다. □ 안에 알맞은 말을 써 보세요.

일제에 맞서 싸운 [ ][ ] 과 [ ][ ][ ] 들이 남긴 글과 편지가

110년 만에 우리나라로 돌아왔다.

3 일본으로부터 나라를 지키기 위해 힘쓴 의병과 의병장들에게 감사의 마음을 담아
편지를 써 보세요.

_____

_____

_____ ✏️

오늘의 어휘 **다음 단어의 알맞은 뜻을 찾아 선으로 이어 보세요.**

폭도 ·   · 일본 제국주의에 맞서 싸움

배척 ·   · 따돌리거나 거부하여 밀어 내침

탄압 ·   · 폭동을 일으키거나 폭동에 참여한 사람의 무리

항일 ·   · 권력이나 무력 등으로 억지로 눌러 꼼짝 못 하게 함

문화 예술 본책 136쪽

제1회 전 국민 받아쓰기 대회 열렸다! 다음엔 우리도 나가 볼까?

💡 기사 깊이 알기

1 기사를 읽고 설명이 맞으면 ○표, 틀리면 ×표 하세요.

- 받아쓰기 대회 예선에 3천여 명이 지원했다. (   )
- 참가자들은 500자 정도의 제시문 한 개를 듣고 받아썼다. (   )
- 대회에 참가하는 데 나이 제한이 있다. (   )

2 기사의 내용을 한 문장으로 정리한 것입니다. □ 안에 알맞은 말을 써 보세요.

국립 국어원은 한글 규정에 대한 사람들의 관심을 높이기 위해

```
┌───┬───┬───┬───┐
│   │   │   │   │
└───┴───┴───┴───┘
```
대회를 열었다.

3 맞춤법과 띄어쓰기를 정확히 하는 것은 왜 중요하다고 생각하나요?

_____

_____

_____ 🖋

오늘의 어휘

다음 단어의 알맞은 뜻을 찾아 선으로 이어 보세요.

예선 ·   · 주의나 여론, 생각 등을 불러일으킴

주최 ·   · 규칙으로 정해놓은 것

환기 ·   · 우승자를 결정하기 위한 최종 선발에 나갈 선수나 팀을 뽑음

규정 ·   · 행사나 모임을 주장하고 기획하여 엶

문화 예술 본책 138쪽

2030 '러닝 크루' 열풍, ○○가 필요해요!

💡 기사 깊이 알기

1 기사를 읽고 설명이 맞으면 ○표, 틀리면 ×표 하세요.

- 러닝은 다른 운동에 비해 시도하기가 어렵다. (   )
- 함께 모여 달리는 무리를 러닝 크루라고 한다. (   )
- 러닝은 체중 관리와 근육 강화에 효과적이다. (   )

2 기사의 내용을 한 문장으로 정리한 것입니다. □ 안에 알맞은 말을 써 보세요.

<table><tr><td>　</td><td>　</td><td>　</td><td>　</td></tr></table> 가 유행하고 있는데, 다른 사람에게 피해를 주지 않는

서로를 배려하는 러닝 문화가 만들어져야 한다.

3 혼자 달리는 것과 여러 사람이 함께 달리는 것의 장점과 단점을 한 가지씩 써 보세요.

_____

_____

_____ 🖉

오늘의 어휘

다음 단어의 알맞은 뜻을 찾아 선으로 이어 보세요.

부담 ·   · 어떤 것을 이루어 보려고 계획하거나 행동함

해소 ·   · 어떠한 의무나 책임을 짐

강화 ·   · 어려운 일이나 문제가 되는 상태를 해결하여 없애 버림

시도 ·   · 세력이나 힘을 더 강하고 튼튼하게 함

한국 최초 노벨 문학상, 한강 작가가 받았다!

💡 기사 깊이 알기

1 기사를 읽고 설명이 맞으면 ○표, 틀리면 ×표 하세요.

- 한강 작가는 시로 먼저 등단했다. (   )
- 『소년이 온다』는 어린이들이 읽기에 적절한 작품이다. (   )
- 한강 작가는 2016년 맨부커상, 2023년 메디치상을 수상했다. (   )

2 기사의 내용을 한 문장으로 정리한 것입니다. □ 안에 알맞은 말을 써 보세요.

한강 작가가 한국인 최초로 [ ][ ] [ ][ ][ ]을 수상했다.

3 여러분이 노벨상을 받는다면 어떤 분야의 노벨상을 받고 싶나요? 그 이유도 함께 써 보세요. (노벨상 분야: 생리의학, 물리학, 화학, 문학, 평화, 경제학)

_____

_____

_____ 🖋️

오늘의 어휘
다음 단어의 알맞은 뜻을 찾아 선으로 이어 보세요.

산문 ·	· 어떤 사회적 분야에 처음으로 등장함
트라우마 ·	· 소설이나 수필처럼 운율에 얽매이지 않고 자유로운 문장으로 쓴 글
폭로 ·	· 정신에 계속 영향을 주는 심한 감정적 충격
등단 ·	· 알려지지 않았거나 감춰져 있던 나쁜 사실을 드러냄

 문화 예술 본책 142쪽

안중근 의사가 감옥에서 쓴 간절한 '독립', 조국에서 전시

💡 **기사 깊이 알기**

1 기사를 읽고 설명이 맞으면 ○표, 틀리면 ×표 하세요.

- 안중근 의사는 일본에 맞서 싸운 독립운동가이다. (   )
- 안중근 의사는 중국 하얼빈역에서 이토 히로부미를 총으로 쐈다. (   )
- 안중근 의사의 유해가 발견되어 우리나라에 돌아왔다. (   )

2 기사의 내용을 한 문장으로 정리한 것입니다. □ 안에 알맞은 말을 써 보세요.

대한민국 역사 박물관에서 안중근 의사의 [|]을
전시하는 특별 전시회가 열린다.

3 우리나라를 위해 목숨을 바친 독립운동가들에게 감사의 마음을 담아 편지를 써
보세요.

_____

_____

_____

💬 **오늘의 어휘**

다음 단어의 알맞은 뜻을 찾아 선으로 이어 보세요.

처단 ·   · 정의를 위하여 개인이나 집단이 의로운 일을 함

의거 ·   · 결단을 내려 처치하거나 처분함

유해 ·   · 생전에 남긴 글씨나 그림

유묵 ·   죽은 사람의 몸을 태우고 남은 뼈
                          또는 무덤 속에서 나온 뼈

테이프로 벽에 붙인 바나나가 86억 원! 예술인가 코미디인가?

💡 기사 깊이 알기

1 기사를 읽고 설명이 맞으면 ○표, 틀리면 ×표 하세요.

- 2024년 11월 20일 경매에서 마우리치오 카텔란의 「코미디언」이 2억 원에 팔렸다.

  (   )

- 「코미디언」에 사용된 바나나는 500원짜리이다. (   )
- 아직까지 전시된 바나나를 먹은 사람은 없다. (   )

2 기사의 내용을 한 문장으로 정리한 것입니다. □ 안에 알맞은 말을 써 보세요.

벽에 테이프로 노란 [   ][   ]를 붙여 놓은 작품인

「코미디언」이 86억 7,000만 원에 팔렸다.

3 여러분은 마우리치오 카텔란의 「코미디언」에 대해 어떻게 생각하나요?

_____

_____

_____ ✏️

오늘의 어휘

다음 단어의 알맞은 뜻을 찾아 선으로 이어 보세요.

경매 ·   · 사물이 어떠한 기준에 의하여 분간되는 한계

경계 ·   · 진짜인 물품

의도 ·   · 물건을 사려는 사람이 여럿일 때 값을 가장 높이
                      부르는 사람에게 파는 일

진품 ·   · 무엇을 하고자 하는 생각이나 계획 또는 무엇을
                      하려고 꾀함

문화 예술 본책 146쪽

우리나라 '장 담그기 문화' 유네스코 인류 무형 문화유산 지정

💡 기사 깊이 알기

1 기사를 읽고 설명이 맞으면 O표, 틀리면 ×표 하세요.

- 말린 메주로 된장, 간장, 고추장을 만든다. (   )
- 2022년에 우리나라의 장 담그기 문화가 유네스코 인류 무형 문화유산에 등재되었다.
(   )
- 이번 등재로 우리나라 인류 무형 문화유산은 총 20개가 되었다. (   )

2 기사의 내용을 한 문장으로 정리한 것입니다. □ 안에 알맞은 말을 써 보세요.

문화가 유네스코 인류 무형 문화유산으로 지정되었다.

3 여러분이 좋아하는 한국 음식은 무엇인지 생각해 보고, 그 음식을 만드는 방법을 조사해 써 보세요.

_____

_____

_____

오늘의 어휘

다음 단어의 알맞은 뜻을 찾아 선으로 이어 보세요.

발효 •   • 자신이 어떤 집단에 소속되어 있다는 느낌

등재 •   • 어떤 일을 이루기 위하여 대책과 방법을 세움

소속감 •   • 일정한 사항을 장부나 기록에 올림

도모 •   • 미생물이 곡식이나 우유 등을 분해하여 술, 된장, 간장, 치즈 등을 만드는 작용

문화 예술 본책 148쪽

무궁화 땅의 그림 모은 보물 책 『근역화휘』 최초 공개

💡 기사 깊이 알기

1 기사를 읽고 설명이 맞으면 O표, 틀리면 ×표 하세요.

- 간송 전형필은 전 재산을 털어 우리 문화재를 수집하고 보존했다. (   )
- 오세창은 우리 민족을 대표해 독립을 선언한 민족 대표 33인 중 한 사람이다.

　　　　　　　　　　　　　　　　　　　　　　　　　　　　　　(　　)

- 『근역화휘』는 7권, 1권, 3권으로 구성된 3가지 종류의 책이다. (   )

2 기사의 내용을 한 문장으로 정리한 것입니다. □ 안에 알맞은 말을 써 보세요.

　　오세창이 모아 만든 그림책 『□□□□』가 처음으로 공개되었다.

3 여러분의 생활 모습이나 주변의 모습을 그림으로 그린다면 어떤 그림을 그리고 싶나요?

_____

_____

_____

오늘의 어휘

다음 단어의 알맞은 뜻을 찾아 선으로 이어 보세요.

근대 ·　　　　　　· 어떤 물건이나 자료를 찾아서 모음

수집 ·　　　　　　· 연극, 영화, 운동 경기, 미술품 등을 구경함

점 ·　　　　　　· 역사의 시대 구분의 하나로, 중세와 현대 사이의 시대

관람 ·　　　　　　· 그림, 옷 등을 세는 단위